위대한 마음 밝히니,
道에 이르기 어렵지 않네

# 위대한 마음 밝히니,
# 道에 이르기 어렵지 않네

石丈 僧

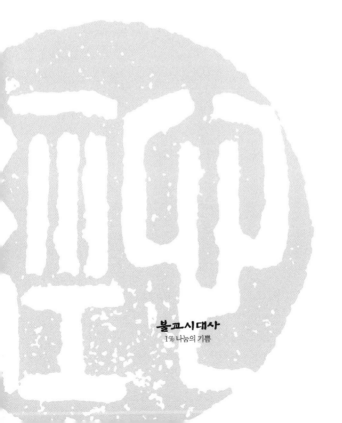

**불교시대사**

1% 나눔의 기쁨

我有一卷經 不因紙墨成

展開無一字 常放大光明

나에게 한 권의 경전이 있으니
종이나 먹물로 된 것이 아니네,
펴보면 한 글자 없지만
항상 큰 광명을 놓는다.

神贊禪師 頌

머리말

# 반야심경般若心經과
# 신심명信心銘 해석

　우리가 법회의식을 할 때마다 빠뜨리지 않고 독송하는 반야심경般若心經은 당나라 현장법사玄奘法師께서 집대성한 대반야바라밀다경大般若波羅蜜多經 600권의 골자를 뽑아 260자로 함축하여 만든 반야부경般若部經의 정수로, 제목이 마하반야바라밀다심경摩訶般若波羅蜜多心經입니다.

　이 마하반야바라밀다심경摩訶般若波羅蜜多心經은 불교의 공空사상과 수행의 요체要諦를 설명하고, 반야바라밀다般若波羅蜜多 행行에 대하여 말씀하신 경經으로 줄여서 심경心經이라고도 합니다.

그러나 만약 반야심경般若心經을 독송하면서 그 뜻을 알지 못하고, 주문처럼 외우는 것만으로도 지혜가 밝아진다고 생각한다면, 그것은 마치 병든 환자가 약을 먹지 않고 약 처방전을 외우는 것과 마찬가지여서, 천년만년을 그렇게 한다 하더라도 마음을 밝히지는 못할 것입니다.

그래서 소납小衲이 반야심경般若心經과 신심명信心銘을 누구나 알기 쉽게 해석하여, 모든 불자들이 반야바라밀다般若波羅蜜多를 행行하여 어두운 마음을 밝히는 데 도움이 되고자, 『위대한 마음 밝히니 도道에 이르기 어렵지 않네』라는 책을 출판하게 되었습니다.

또, 신심명信心銘은 중국 선종禪宗 초조 달마 조사와 2조 혜가대사의 법을 이은 제3대 조사 승찬대사僧璨大師께서 깨달음에 대한 요체要諦를 사언절구 게송으로 줄여서 간략하게 말씀하신 것으로, 중국에 불교가 전해진 이후 문자로써 최고의 문장이라는 평評을 받은 시문詩文이라고 합니다.

승찬대사僧璨大師는 수隋나라 양제煬帝 대업 2년(서기 606년)에 입적하신 분이며, 신심명信心銘은 원래 서른일곱 개의 사구게四句偈로 되어 있는 것을 중간에 게송 두 마디를 비워 놓으셨습니다. 그것은 마치 옛날 초상肖像에 눈동자를 그리지 않고 후일을 기약한 어느 도인처럼 대사大師께서 훗날 시절인연이 도래하면 눈 밝은 사람으로 하여금 그것을 밝히도록 하신 것이니, 어찌 희유한 일이 아니리요?

소납小衲이 신심명信心銘을 보면서 본문 중간에 빠진 게송 두 마디 여덟 글자를 찾아 첨부하여, 승찬대사僧璨大師께서 천화遷化하신 지 1400년의 세월동안 미흡未洽했던 신심명信心銘을 완결하였음을 밝히며, 여기에서 신심信心이란 단지 믿는 마음이란 말이 아니라, 분명한 마음이라고 해야 한다는 것을 확실하게 밝혀 두는 바입니다.

　어째서 그러한가?

　대사大師께서는 서른일곱 번째 마지막 게송에 "분명한 마음은 둘이 아니고信心不二 둘 아님이 분명한 마음이니不二信心, 말의 길이 끊어져서言語道斷 과거, 미래, 현재가 아니다非去來今."고 명확하게 말씀하셨기 때문입니다.

　그러나 만약 무지몽매無知蒙昧한 소납小衲이 바로 보지 못한 대목이 있다면, 눈 밝은 선지

식께서 자비로써 가르쳐 주시기를 방비榜備하
여 간청하는 바입니다. 이책이 나오기까지 수
고해주신 불교시대사에 감사의 말씀 전합니
다.


甲午年 穀雨之節

古佛叢林 比丘 石丈 僧

# 차례

# 제1장
마하반야바라밀다심경

# 摩訶般若波羅蜜多心經
## 마하반야바라밀다심경


觀自在菩薩 行 深 般若波羅蜜多 時 照
見 五蘊皆空 度 一切苦厄

舍利子

色不異空 空不異色 色卽是空 空卽是色
受想行識 亦 復 如是

舍利子

是 諸法空相 不生不滅 不垢不淨 不增不
滅 是 故 空中 無色 無受想行識 無眼耳
鼻舌身意 無色聲香味觸法 無眼界 乃至
無意識界 無無明 亦 無無明盡 乃至 無
老死 亦 無老死盡 無苦集滅道 無智 亦

無得 以 無所得 故 菩提薩陀 依 般若波
羅蜜多 故 心無罣礙 無罣礙 故 無有恐
怖 遠離 顚倒夢想 究竟涅槃 三世諸佛
依 般若波羅蜜多 故 得 阿耨多羅三藐三
菩提

故 知 般若波羅蜜多 是 大神呪 是 大明
呪 是 無上呪 是 無等等呪 能除 一切苦
眞實不虛

故 說 般若波羅蜜多 呪 卽說 呪曰

揭諦 揭諦 波羅揭諦 波羅僧揭諦 菩提
娑婆訶.

# 반야심경 해석

摩訶 般若波羅蜜多 心 經

위대한 마음을 밝히는 길

【解釋】

摩訶

마하

마하摩訶는 일반적으로 크다, 위대하다, 뛰어나다, 훌륭하다는 뜻이 있으나, 반야심경般若心經에서 마하摩訶는 마음(心)을 강조하기 위하여 붙여진 수식어로, 마음(心)이 위대하다는 뜻으로 해석함이 마땅합니다.

般若波羅蜜多
**반야바라밀다**

반야바라밀다般若波羅蜜多는 마음의 어두움을 밝히기 위해서 행하는 보시布施, 지계持戒, 인욕忍辱, 정진精進, 선정禪定을 통해 얻어지는 바라밀波羅蜜의 완성으로써, 반야바라밀다般若波羅蜜多는 지혜智慧를 밝힌다는 것을 뜻합니다.

여기에서 바라밀波羅蜜과 바라밀다波羅蜜多의 차이를 이야기하자면, 바라밀波羅蜜은 과거완료형으로써 도착을 의미하는 '갔다'와 같은 뜻으로, 곧 반야바라밀般若波羅蜜은 이미 지혜智慧를 밝힌 상태를 뜻하고, 바라밀다波羅蜜多는 현재진행형으로써 가고 있는 것을 의미하는 '간다'와 같은 뜻이며, 반야바라밀다般若波羅蜜

多는 현재 지혜智慧를 밝히는 중이라는 말로 이해하면 되겠습니다.

예를 들자면, 금강반야바라밀경金剛般若波羅蜜經은 '견고하게 밝힌 길'이라 해석하고, 마하반야바라밀다심경摩訶般若波羅蜜多心經은 '위대한 마음을 밝히는 길'이라고 해석할 수 있습니다.

心
심
심心은 마음이라는 뜻이고,

經
경
경經은 길이라는 뜻입니다.

그래서 제목을 풀어 쓴다면, 마하반야바라

밀다심경摩訶般若波羅蜜多心經은 "위대한 마음을 밝히는 길"이 됩니다.

기존에 반야심경般若心經을 해석하고 있는 책이나 강의한 내용을 보면 마하반야바라밀다심경摩訶般若波羅蜜多心經을 한결같이 "큰 지혜(摩訶般若)로 저 언덕(彼岸)에 이르는 마음(心)의 길(經)"이라고 해석하고 있습니다.

현재 대한불교조계종에서는 우리말 반야심경을 공포하여, 일반 법회나 공식적인 행사에 한글 반야심경을 독송하고 있으며, 모든 의식을 한글화하고 있는 시점에서 경을 이해하고 해석하는 데 더욱 깊은 논의가 있어야 한다고 생각합니다.

왜냐하면, 부처님께서 말씀하신 경전經典을 올바로 해석하여 불자나 다른 사람들에게 가르치는 것은, 진리를 설파하신 부처님의 위대한 가르침을 널리 전傳하는 것이 되겠으나, 만약 경經이나 어록語錄을 잘못 해석하여 사람들에게 이야기하는 것은, 오히려 불조佛祖를 비방하는 것이 되기 때문입니다.

觀自在菩薩 行 深 般若波羅蜜多 時
照見 五蘊皆空 度 一切苦厄

관자재보살이 반야바라밀다를 깊이 행할 때,
오온五蘊이 모두 다 공空한 것을 비추어 보고,
일체 모든 괴로움과 재앙에서 벗어났느니라.

【解釋】

觀自在菩薩

관자재보살

관자재보살觀自在菩薩은 진리의 완성자로 마
음의 자유자재한 것을 다르게 이름하여, 관자

재보살觀自在菩薩이라고 하는 것입니다.

석가모니 부처님은 천백억화신千百億化身으로써, 일체 모든 불보살의 명호名號는 석가모니 부처님께서 중생들을 진리의 세계로 이끌기 위해 이름 지어 놓으신 것입니다.

관자재보살觀自在菩薩은 곧 석가모니 부처님의 다른 이름과도 같습니다.


行 深 般若波羅蜜多 時
**행 심 반야바라밀다 시**

행行 심深 반야바라밀다般若波羅蜜多 시時는 반야바라밀다般若波羅蜜多를 깊이(深) 행行할 때(時)라는 말입니다,

기존에 반야심경般若心經을 해석하고 있는 책이나 강의를 들어보면, 행行 심深 반야바라밀다般若波羅蜜多 시時를 '깊은 반야바라밀다를

행할 때'라고 해석하고 있습니다.

　그러나 반야심경般若心經 후반에 보면 "보살
菩薩은 반야바라밀다般若波羅蜜多를 의지하여,
마음(心)에 걸림(罣礙)이 없고, 마음(心)에 걸림(罣
礙)이 없으므로 두려움(恐怖)이 없어서, 꿈같이
허망한 뒤바뀐 생각(夢想)을 멀리 떠나 마침내
(究竟) 열반(涅槃)에 들어가며, 과거·현재·미래의
모든 부처님들도 반야바라밀다般若波羅蜜多를
의지하여, 위없이 높고 바른 깨달음(阿耨多羅三
藐三菩提)을 얻으셨다."고 했는데, 그렇다면 왜
깊은 반야바라밀다深般若波羅蜜多를 의지해야 한
다고 하지 않았는가?

　반야般若는 마치 밝은 태양과 같아서 그 빛
에 더하거나 덜함이 있을 수 없고, 반야般若에
깊고 얕음이 있다면 그것은 반야般若가 아니기
때문입니다.

'반야바라밀다般若波羅蜜多를 깊이(深) 행行할 때(時)'라는 말과, '깊은(深) 반야바라밀다般若波羅蜜多를 행行할 때(時)'라는 말은 완전히 다른 뜻이니, 각자가 살펴 볼 일입니다.


照見 五蘊皆空
**조견 오온개공**

오온五蘊은 색色, 수受, 상想, 행行, 식識으로, 모양이 있는 몸(色)과 모양 없는 감수작용(受, 想, 行, 識)이, 모두 다 본래부터 공空한 것을 비추어 보았다(照見)는 말이고,


度 一切苦厄
**도 일체고액**

일체一切 모든 괴로움(苦)과 불행(厄)을 멸滅하고 제도(度)하였다는 말로, 곧 모든 것으로부

터 해탈解脫하여 벗어났다는 말입니다.

여기에서 반야심경般若心經은 끝난 것과도 같습니다.

왜냐하면, 관자재보살이 마음을 밝히는 반야바라밀다般若波羅蜜多를 깊이(深) 행行할 때, 오온(色, 受, 想, 行, 識)이 모두 다 공空한 것을 비추어 보고 일체 모든 괴로움(苦)과 불행(厄)에서 벗어났기 때문에, 우리 중생들도 몸과 마음이 본래 공空한 것을 밝게 비추어보는 반야바라밀다般若波羅蜜多를 행行한다면, 모든 괴로움(苦)과 불행(厄)으로부터 벗어나서 걸림 없이 자유로울 수 있다는 것을 알았기 때문입니다.

그렇다면 어떤 것이 반야바라밀다般若波羅蜜多 행行인가?

반야바라밀다般若波羅蜜多 행行은 자비심으로

보시布施를 하고, 계율(持戒)을 지키며, 참지 못할 것을 능히 참고(忍辱), 힘써 정진精進하며, 마음을 안정시키는 선정禪定을 통해서 얻어지는 지혜(般若)로써, 마치 날씨가 좋으면 멀리 있는 산이 선명하게 보이고 물이 맑으면 바닥이 훤히 드러나 보이는 것처럼, 마음이 고요한 상태에서 참선參禪하는 사람은 성성적적星星寂寂하게 화두를 참구(看)하고, 관세음보살 기도를 하는 사람은 "관세음보살"을 주력하고 있는 자기 자신을 놓치지 않고 밝게 비추어 보는(照見) 것입니다.

이것이 바로 반야바라밀다般若波羅蜜多를 행行하는 것입니다.

# 舍利子!

사리자여!

부처님 시절에 "사리자"라고 하는 대 이론가가 있었는데, 이론으로는 어느 누구도 대적할 수 없을 만큼 박식한 사람이었습니다.

그는 자신의 이론에 대적할 만한 사람을 찾아다니다가, 부처님을 만났으나 부처님께서는 사리자가 너무 많은 지식으로 가득 차있다는 것을 간파하고, "그대는 지식이 너무 많아서 나의 뜻이 파고들어갈 틈이 없으므로, 아

는 것을 비우고 오라." 말씀하시고, 그를 상
대하지 않았습니다.

사리자는 부처님께서 말씀하신 것을 듣고,
그동안 자신이 에고와 아상에 갇혀 있었다는
사실을 깨닫고 나서, 부처님의 제자가 되기를
간청하여 늦은 나이에 출가를 하였습니다.

부처님께서는 그런 사리자에게 반야경般若經
을 설하시니, 사리자는 곧 깨달음을 얻어 도道
를 이룬 뒤 "사리불"이라 부르게 되었다고 합
니다.

色不異空 空不異色 色卽是空 空卽是
色 受想行識 亦 復 如是

물질은 공空과 다르지 않고 공空은 물질과 다
르지 않으며, 물질이 곧 공空이요 공空이 곧
물질이니, 느낌과 생각과 작용과 인식도 또
한, 다시 이와 같다.

【解釋】

色不異空 空不異色

색불이공 공불이색

모양이 있는 모든 물질(色)은 본래 모양이 없

는 것으로써, 빈터를 닦아 건물을 신축하거나 젊은 남녀男女가 결혼하여 아이가 태어나는 것처럼, 이러저러한 인연들이 모여서 모양(色)이 생긴 것이기 때문에, 모양 있는 물질(色)이 본래는 모양 없는 공空과 다르지 않고, 본래 모양 없는 공空에서 물질이 생기는 것이기 때문에, 공空이 물질(色)과 다르지 않다는 말입니다.

色卽是空 空卽是色
색즉시공 공즉시색

그렇게 보면, 모양 있는 물질(色)이 본래 모양 없는 공空과 다르지 않기 때문에 물질(色)이 곧 공空이고, 본래 모양 없는 공空이 모양 있는 물질(色)과 다르지 않기 때문에 공空이 곧 물질(色)이라는 말이며,

受想行識 亦 復 如是

수상행식 역 부 여시

다시 말해서 느낌(受)과 생각(想)과 작용(行)과
인식(識)도 또한, 본래 모양 없는 공(空)과 다르지
않기 때문에 공(空)과 같은 것이라는 말입니다.


舍利子!

사리자여!

是 諸法空相 不生不滅 不垢不淨 不增
不滅

이 모든 법法의 공(眞空)한 모양은 나지도 않고
없어지지도 않으며, 더럽지도 않고 깨끗하지
도 않으며, 늘어나지도 않고 줄지도 않느니라.

【解釋】

是 諸法空相

시 제법공상

이 모든 것(法)들이 공空한 모양이라는 말을
선禪의 입장에서 본다면 모든 것(法)들이 진공

眞空한 모양이라고 말할 수 있는데, 이 말은 마치 허공에 몸(色)이 없고, 느낌(受)과 생각(想)과 작용(行)과 인식(識)이 없는 것처럼, 진공眞空은 허공과 같아서 물질(色)도 공空하고, 공空이라고 하는 것도 공空한 진공眞空이라고 이해하면 되겠습니다.

不生不滅
**불생불멸**
공(眞空)은 생기는 것도 아니고 없어지는 것도 아니라는 말이며,

不垢不淨
**불구부정**
공(眞空)은 더러운 것도 아니고 깨끗한 것도 아니라는 말이며,

不增不減

**부증불감**

공(眞空)은 늘어나지도 않고 줄어들지도 않
는다는 말입니다.

是 故 空中 無色 無受想行識 無眼耳
鼻舌身意 無色聲香味觸法

그러므로 공(眞空) 가운데는 물질이 없고, 느낌
과 생각과 작용과 인식도 없으며, 눈과 귀와
코와 혀와 몸과 뜻도 없고, 빛과 소리와 냄새
와 맛과 감촉과 법도 없으며,

【解釋】

是 故 空中 無色
시 고 공중 무색

그렇기 때문에 공(眞空) 가운데는 모양 있는
물질(色)이 없다는 말이고,


無受想行識

**무수상행식**

공(眞空) 가운데는 느낌(受)과 생각(想)과 작용
(行)과 인식(識)도 없다는 말이며,


無眼耳鼻舌身意

**무안이비설신의**

공(眞空) 가운데는 눈(眼)도 없고, 귀(耳)도 없
고, 코(鼻)도 없고, 혀(舌)도 없고, 몸(身)도 없
고, 뜻(意)도 없다는 말이고,


無色聲香味觸法

**무색성향미촉법**

공(眞空) 가운데는 빛깔(色)도 없고, 소리(聲)도 없고, 냄새(香)도 없고, 맛(味)도 없고, 감촉(觸)도 없고, 법法도 없다는 말입니다.

無眼界 乃至 無意識界 無無明 亦 無
無明盡 乃至 無老死 亦 無老死盡 無
苦集滅道 無智 亦 無得

눈의 경계도 없고 내지 의식의 경계도 없으
며, 무명도 없고 또한 무명이 다함도 없으며,
늙고 죽음도 없고 또한 늙고 죽음이 다함도
없으며, 괴로움과 괴로움의 원인과 괴로움이
없어짐과 괴로움을 없애는 길도 없으며, 지혜
도 없고 또한 얻음도 없느니라.

【解釋】

無眼界 乃至 無意識界

**무안계 내지 무의식계**

공(眞空) 가운데는 눈(眼)의 경계도 없고 내지 의식意識의 경계도 없다는 말이며,

無無明 亦 無無明盡

**무무명 역 무무명진**

공(眞空) 가운데는 무명無明도 없고 또한 무명無明이 다함(盡)도 없다는 말이며,

乃至 無老死 亦 無老死盡

**내지 무노사 역 무노사진**

그리고 공(眞空) 가운데는 늙고(老) 죽음(死)도 없고 또한 늙고(老) 죽음(死)이 다함(盡)도 없다는 말이며,

無苦集滅道

무고집멸도

공(眞空) 가운데는 괴로움(苦)도 없고 괴로움
의 원인인 집착(集)도 없으며, 괴로움이 없어
짐(滅)도 없고, 괴로움을 없애는 길(道)도 없다
는 말이며,


無智 亦 無得

무지 역 무득

공(眞空) 가운데는 지혜(智)도 없고 또한 얻을
(得) 것도 없다는 말입니다.

以 無所得 故 菩提薩陀 依 般若波羅
蜜多 故 心無罣礙 無罣礙 故 無有恐
怖 遠離 顚倒夢想 究竟涅槃 三世諸佛
依 般若波羅蜜多 故 得 阿耨多羅三藐
三菩提

얻을 것이 없으므로 보살은, 반야바라밀다를
의지하여 마음에 걸림이 없고 걸림이 없으므
로 두려움이 없어서, 뒤바뀐 헛된 생각을 멀
리 떠나 마침내 열반에 들어가며, 과거 현재
미래의 모든 부처님도 반야바라밀다를 의지
하여 아뇩다라삼먁삼보리를 얻었느니라.

【解釋】

以 無所得 故 菩提薩陀 依 般若波羅蜜多
이 무소득 고 보리살타 의 반야바라밀다

위에서 말한 것처럼, 모든 것(法)들이 공(眞空)
한 가운데는 얻을 것이 없기 때문에, 보살菩薩
은 마음을 밝히는 반야바라밀다般若波羅蜜多를
의지한다는 말이고,


故 心無罣礙 無罣礙 故 無有恐怖
고 심무가애 무가애 고 무유공포

마음을 밝히는 반야바라밀다般若波羅蜜多를
의지하므로 마음(心)에 걸림(罣礙)이 없고, 마음
(心)에 걸림(罣礙)이 없으므로 두려움(恐怖)이 없
다는 말이며,

44

遠離 顚倒夢想 究竟涅槃

원리 전도몽상 구경열반

마음을 밝히는 반야바라밀다般若波羅蜜多를 의지하여 꿈같이 허망한 뒤바뀐 생각(夢想)을 멀리 떠나서, 마침내(究竟) 열반涅槃에 들어간다는 말입니다.

여기에서 열반涅槃이라는 말은, 타고 있는 불꽃에 물을 뿌려서 불을 꺼버리듯이, 타오르는 번뇌의 불꽃을 마음을 밝히는 반야바라밀다般若波羅蜜多로 꺼버려서, 일체의 괴로움(苦)이나 불행(厄)이 없는 지극히 즐거운 행복한 삶(極樂)이라고 말 할 수 있으며, 열반涅槃이란 곧 사람이 죽어서 가는 그런 세계가 아닙니다.

三世諸佛 依 般若波羅蜜多

삼세제불 의 반야바라밀다

과거, 현재, 미래의 모든 부처님들도, 마음을 밝히는 반야바라밀다般若波羅蜜多를 의지했다는 말이며,

故 得 阿耨多羅三藐三菩提

고 득 아뇩다라삼먁삼보리

마음을 밝히는 반야바라밀다般若波羅蜜多를 의지했기 때문에 아뇩다라삼먁삼보리阿耨多羅三藐三菩提를 얻었다는 말인데, 아뇩다라삼먁삼보리는 무상無上 정등正等 정각正覺으로, 곧 위없이 높고 바른 깨달음이라는 말입니다.

故 知 般若波羅蜜多 是 大神呪 是 大
明呪 是 無上呪 是 無等等呪 能除 一
切苦 眞實不虛

그러므로 반야바라밀다는 가장 신비한 주문
(呪)이며, 크게 밝은 주문(呪)이며, 위없이 높은
주문(呪)이며, 차별이 없는 주문(呪)이니, 능히
모든 괴로움을 없애고 진실하여 허망하지 않
음을 알지니라.

【解釋】

故 知 般若波羅蜜多 是 大神呪

**고 지 반야바라밀다 시 대신주**

그러므로 알라, 마음을 밝히는 반야바라밀
다般若波羅蜜多 이것은 크게 신비로운 주문(大神
呪)이라는 말이고,


是 大明呪

**시 대명주**

반야바라밀다般若波羅蜜多 이것은 크게 밝은
주문(大明呪)이라는 말이며,


是 無上呪

**시 무상주**

반야바라밀다般若波羅蜜多 이것은 위없는 주
문(無上呪)이라는 말이고,

是 無等等呪

시 무등등주

반야바라밀다般若波羅蜜多 이것은 절대 평등하여 차별이 없는 주문(無等等呪)이라는 말이며,


能除 一切苦 眞實不虛

능제 일체고 진실불허

마음을 밝히는 반야바라밀다般若波羅蜜多는, 능히 모든 괴로움(苦)과 불행(厄)을 없애고 진실眞實하여 허망하지 않다(不虛)는 말입니다.

故 說 般若波羅蜜多 呪 卽說 呪曰
揭諦 揭諦 波羅揭諦 波羅僧揭諦 菩提
娑婆訶

그러므로 반야바라밀다의 주문을 말하노니,
주문은 곧 이러하다.
아제 아제 바라아제 바라승아제 모지 사바하

【解釋】

故 說 般若波羅蜜多 呪 卽說 呪曰

고 설 반야바라밀다 주 즉설 주왈

그러므로 마음을 밝히는 반야바라밀다般若

50

波羅蜜多의 주문(呪)을 말하자면, 주문(呪)은 곧 이러하다는 말입니다.

揭諦 揭諦 波羅揭諦 波羅僧揭諦 菩提 娑婆訶

아제 아제 바라아제 바라승아제 모지 사바하

반야바라밀다般若波羅蜜多의 진언은 "아제 아제 바라아제 바라승아제 모지 사바하" 입니다.

# 우리말 반야심경

관자재보살이 반야바라밀다般若波羅蜜多를 깊이 행할 때, 오온이 다 공空한 것을 비추어 보고 모든 괴로움과 재앙에서 벗어났느니라.

사리자여!

물질이 공空과 다르지 않고 공空이 물질과 다르지 않으며, 물질이 공空이요 공空이 곧 물질이니, 느낌과 생각과 작용과 인식도 또한, 다시 이와 같으니라.

사리자여!

이 모든 법法의 공(眞空)한 모양은 나지도 않고 없어지지도 않으며, 더럽지도 않고 깨끗하지도 않으며, 늘어나지도 않고 줄지도 않느니라.

그러므로 공(眞空) 가운데는 물질이 없고 느낌과 생각과 작용과 인식도 없으며, 눈과 귀와 코와 혀와 몸과 뜻도 없고 빛과 소리와 냄새와 맛과 감촉과 법도 없으며, 눈의 경계도 없고 내지 의식의 경계도 없으며, 무명도 없고 또한 무명이 다함도 없으며, 늙고 죽음도 없고 또한 늙고 죽음이 다함도 없으며, 괴로움과 괴로움의 원인과 괴로움이 없어짐과 괴로움을 없애는 길도 없으며, 지혜도 없고 또한 얻음도 없느니라.

얻을 것이 없으므로 보살은, 반야바라밀다를 의지하여 마음에 걸림이 없고 걸림이 없으므로 두려움이 없어서, 뒤바뀐 헛된 생각을 멀리 떠나 마침내 열반에 들어가며, 과거 현재 미래의 모든 부처님도 반야바라밀다를 의지하여 아뇩다라삼먁삼보리를 얻었느니라.

그러므로 반야바라밀다는 가장 신비한 주
문(呪)이며, 크게 밝은 주문(呪)이며, 위없이 높
은 주문(呪)이며, 차별이 없는 주문(呪)이니, 능
히 모든 괴로움을 없애고 진실하여 허망하지
않음을 알지니라.

그러므로 반야바라밀다의 주문을 말하노
니, 곧 이러하니라.

아제 아제 바라아제 바라승아제 모지 사바
하.

# 제 **2**장

신심명

# 信心銘
# 신심명

## 1.

信道無難 지도무난_ 도道에 이르기는 어렵지 않다.

唯嫌揀擇 유혐간택_ 오직 고르고 분별함을 싫어하니,

但莫憎愛 단막증애_ 다만 미워하고 사랑하지 않으면

洞然明白 통연명백_ 분명하게 꿰뚫으리라.

## 2.

毫釐有差 호리유차_ 털끝만큼이라도 어긋나면

天地懸隔 천지현격_ 하늘과 땅 차이로 벌어지나니,

欲得現前 욕득현전_ 도道가 앞에 나타나기를 바라거든

莫存順逆 막존순역_ 따름과 거스름을 두지 마라.

## 3.

違順相爭 위순상쟁_ 어기고 따름이 서로 다투면

是爲心病 시위심병_ 이것을 마음의 병이라고 하나니,

不識玄旨 불식현지_ 깊은 뜻을 알지 못하고

徒勞念靜 도로염정_ 생각만 고요히 하려 애를 쓰네.

## 4.

圓同太虛 원동태허_ 둥글기는 큰 허공과 같아서

無欠無餘 무흠무여_ 모자람이 없고 남을 것도 없으나,

良由取捨 양유취사_ 취하고 버리는 것을 좋아하는

所以不如 소이불여_ 까닭에 한결같지 않다.

## 5.

莫逐有緣 막축유연_ 인연이 있어도 쫓아가지 말고

勿住空忍 물주공인_ 공空에도 차마 머물지 말 것이니,

一種平懷 일종평회_ 한 가지 생각이 바르면

泯然自盡 민연자진_ 저절로 다해 없어질 것이다.

6.

止動歸止 지동귀지_ 움직임을 그치면 멈추게 되고

止更彌動 지갱미동_ 멈추었다 다시 움직이게 되면,

唯滯兩邊 유체양변_ 오직 양쪽止動 끝에 막혀서

寧知一種 영지일종_ 어떻게 한 가지인 줄 알겠는가?


7.

一種不通 일종불통_ 한 가지에 통하지 못하면

兩處失功 양처실공_ 두 곳에서의 공로를 잃을 것이니,

遣有沒有 견유몰유_ 있음을 버리면 있음에 빠지고

從空背空 종공배공_ 공함을 쫓으면 공함을 등진다.


8.

多言多慮 다언다려_ 말이 많고 생각이 많으면

轉不相應 전불상응_ 서로 응하지 못하게 되고,

絶言絶慮 절언절려_ 말이 끊어지고 생각이 끊어지면

無處不通 무처불통_ 통하지 않는 곳이 없다.

9.

歸根得旨 귀근득지_ 근본으로 돌아가면 뜻을 얻고

隨照失宗 수조실종_ 비춤을 따르면 근원을 잃나니,

須臾返照 수유반조_ 모름지기 잠깐 돌이켜 보는 것이

勝脚前空 승각전공_ 공함으로 나가는 것보다 낫다.


10.

前空轉變 전공전변_ 공空으로 나아감이 변하는 것은

皆由妄見 개유망견_ 모두 망령된 견해 때문이니,

不用求眞 불용구진_ 참된 것을 구하지 말고

唯須息見 유수식견_ 마땅히 오직 망견을 쉬어라.


11.

二見不住 이견부주_ 두 가지 견해에 머물지 말고

愼莫追尋 신막추심_ 삼가 쫓아가서 찾지 말 것이니,

纔有是非 재유시비_ 조금이라도 옳고 그름이 있으면

紛然失心 분연실심_ 본마음을 잃고 어지러워진다.

## 12.

二由一有 이유일유_ 둘은 하나 때문에 있으니

一亦莫守 일역막수_ 하나 또한 지키지 말고,

一心不生 일심불생_ 한 마음이 나지 않으면

萬法無咎 만법무구_ 만법萬法에 허물이 없느니라.


## 13.

無咎無法 무구무법_ 만법에 허물이 없으면 법法이 없고

不生不心 불생불심_ 마음이 나지 않으면 마음도 아니니,

能隨境滅 능수경멸_ 능함을 따르면 경계가 없어지고

境逐能沈 경축능침_ 경계를 쫓으면 능한 것이 막힌다.


## 14.

境由能境 경유능경_ 경계는 능함으로 인한 경계이고

能由境能 능유경능_ 능함은 경계로 인하여 능함이니,

欲知兩段 욕지양단_ 두 가지 구분을 알고자 하는가?

元是一空 원시일공_ 이것은 원래부터 하나의 공(眞空)이다.

15.

一空同兩 일공동양_ 하나의 공(眞空)은 양단境能과 같아서

齊含萬象 제함만상_ 삼라만상을 모두 다 포함하니,

不見精觕 불견정추_ 세밀하고 거친 것을 보지 않으면

寧有偏黨 영유편당_ 어찌 한쪽에 치우침이 있겠는가!

16.

大道體寬 대도체관_ 큰 도道는 본체가 넓어서

無易無難 무이무난_ 쉬운 것이 없고 어려울 것도 없으나,

小見狐疑 소견호의_ 좁은 견해와 여우같은 의심으로

轉急轉遲 전급전지_ 급하게 할수록 더욱 느려진다.

17.

執之失度 집지실도_ 도道에 집착하면 법도를 잃고

必入邪路 필입사로_ 반드시 삿된 길로 들어가며,

放之自然 방지자연_ 놓아버리면 자연스러워서

體無去住 체무거주_ 본체는 가거나 머묾이 없다.

## 18.

**任性合道** 임성합도_ 도道에 계합하여 본성을 맡겨두면

**逍遙絶惱** 소요절뇌_ 번뇌가 끊어져 한가롭게 노닐며,

**繫念乖眞** 계념괴진_ 생각에 매이면 참됨에서 어긋나고

**昏沈不好** 혼침불호_ 혼미함에 빠져 좋지 않다.


## 19.

**不好勞神** 불호노신_ 좋지 않음으로 정신이 피로하니

**何用疎親** 하용소친_ 어찌 소홀하고 친함을 쓰겠는가!

**欲趣一乘** 욕취일승_ 깨달음에 이르고자 하면

**勿惡六塵** 물오육진_ 육진을 미워하지 마라.


## 20.

**六塵不惡** 육진불오_ 육진을 미워하지 않으면

**還同正覺** 환동정각_ 도리어 깨달음과 같아서,

**智者無爲** 지자무위_ 지혜로운 자는 하는 바가 없고

**愚人自縛** 우인자박_ 어리석은 이는 스스로 얽매인다.

21.

法無異法 법무이법_ 법法에는 다른 법法이 없으나

妄自愛着 망자애착_ 스스로 허망하게 애착하여,

將心用心 장심용심_ 마음을 가지고 마음을 쓰니

豈非大錯 기비대착_ 어찌 크게 잘못됨이 아닌가!


22.

迷生寂亂 미생적란_ 미혹하면 고요함과 어지러움이 생기고

悟無好惡 오무호오_ 깨달으면 좋아하고 싫어함이 없어지니,

一切二邊 일체이변_ 일체 모든 상대적 두 가지는

良由斟酌 양유짐작_ 능히 헤아려 짐작하기 때문이다.


23.

夢幻空華 몽환공화_ 꿈속의 허깨비와 허공 꽃을

何勞把捉 하로파착_ 어찌 잡으려고 애쓰는가!

得失是非 득실시비_ 얻고, 잃고, 옳고, 그름을

一時放却 일시방각_ 일시에 놓아 버리고 쉬어라.

24.

眼若不睡 안약불수_ 만약 눈이 잠들지 아니하면

諸夢自除 제몽자제_ 모든 꿈이 저절로 없어지고,

心若不異 심약불이_ 만약 마음이 다르지 않으면

萬法一如 만법일여_ 만법萬法이 한결같다.


25.

一如體玄 일여체현_ 한결같음은 본체가 깊어서

兀爾忘緣 올이망연_ 우뚝 그 인연을 잊고,

萬法齊觀 만법제관_ 만법萬法이 모두 드러나면

歸復自然 귀복자연_ 돌아오고 돌아감이 자연스럽다.


26.

自然不爲 자연불위_ 자연스럽지 아니하면

在由異心 재유이심_ 다른 마음이 있기 때문이니,

泯其所以 민기소이_ 그 까닭이 없어지면

不可方比 불가방비_ 가히 어디에도 비교할 데가 없다.

27.

止動無動 지동무동_ 움직임을 그치면 움직임이 없고

動止無止 동지무지_ 멈추었다 움직이면 그침이 없어서,

兩旣不成 양기불성_ 이미 두 가지를 이룸이 아니거늘

一何有爾 일하유이_ 어찌 하나가 있겠는가?


28.

究竟窮極 구경궁극_ 끝에 가서 결국에는

不存軌則 부존궤칙_ 길이나 법칙이 존재하지 않나니,

契心平等 계심평등_ 마음이 평등함에 계합하면

所作俱息 소작구식_ 짓는 바 모든 것을 쉬게 된다.


29.

狐疑盡淨 호의진정_ 여우같은 의심이 깨끗이 다하면

正信調直 정신조직_ 바른 믿음이 곧바르게 되어,

一切不留 일체불류_ 일체 어디에도 머물지 않고

無可記憶 무가기억_ 가히 아무 기억이 없다.

30.

虛明自照 허명자조_ 자기의 빈 곳을 밝게 비추고

不勞心力 불로심력_ 마음으로 힘써 애쓰지 말 것이니,

非思量處 비사량처_ 생각으로 헤아리는 곳 아니며

識情難測 식정난측_ 뜻으로 판단해서 알기 어렵다.


31.

眞如法界 진여법계_ 진실한 깨달음의 세계에는

無他無自 무타무자_ 남도 없고 나도 없으니,

要急相應 요급상응_ 빠르게 상응하기를 바라거든

唯言不二 유언불이_ 오직 둘이 아님을 말하라.


32.

不二皆同 불이개동_ 둘이 아니면 모두 다 한가지로

無不包容 무불포용_ 받아들이지 않는 것이 없으니,

十方智者 시방지자_ 시방十方의 지혜로운 자는

皆入此宗 개입차종_ 모두 이 근원으로 들어온다.

## 33.

宗非促延 종비촉연_ 근원은 짧거나 긴 것이 아니며

一念萬年 일념만년_ 한생각이 만 년 같아서,

無在不在 무재부재_ 있거나 있지 않음이 없으니

十方目前 시방목전_ 시방十方이 바로 눈앞이로다.


## 34.

極小同大 극소동대_ 지극히 작은 것은 큰 것과 같아서

忘絶境界 망절경계_ 경계가 끊어짐을 잊어버리고,

極大同小 극대동소_ 지극히 큰 것은 작은 것과 같아서

不見邊表 불견변표_ 그 겉과 가장자리를 보지 못하네.


## 35.

有卽是無 유즉시무_ 있는 것이 곧 없는 것이고

無卽是有 무즉시유_ 없는 것이 곧 있는 것이니,

若不如此 약불여차_ 만약 이와 같지 않다면

不必須守 불필수수_ 반드시 지키지 마라.

36.

一卽一切 일즉일체_ 하나가 곧 일체이고

一切卽一 일체즉일_ 일체가 곧 하나이니,

但能如是 단능여시_ 다만 능히 이와 같다면

何慮不畢 하려불필_ 어찌 마치지 못할까를 걱정하랴!


37.

信心不二 신심불이_ 분명한 마음은 둘이 아니고

不二信心 불이신심_ 둘 아님이 분명한 마음이니,

言語道斷 언어도단_ 말의 길이 끊어져서

非去來今 비거래금_ 과거, 미래, 현재가 아니로다.

至道無難
唯嫌揀擇
但莫憎愛
洞然明白

1.

至道無難 지도무난

ー도道에 이르기는 어렵지 않다.

唯嫌揀擇 유혐간택

ー오직 고르고 분별함을 싫어하니,

但莫憎愛 단막증애

ー다만 미워하고 사랑하지 않으면

洞然明白 통연명백

ー분명하게 꿰뚫으리라.


【解釋】

한마디로 "도道는 어렵지 않다"는 말입니다.

도道를 알기 위해서는 공부하는 사람들이 이리저리 따지고 분별하여 고르고 선택하는 것을 꺼려해야 하는 것으로, 미워하고 사랑하는 두 마음을 내지 않는다면, 도道의 이치를

뚜렷이 밝게 꿰뚫어 마칠 것이라는 말입니다.


　요즘 세간에 간행된 책이나 여러 강단에서
신심명信心銘 강의를 하고 있는데, 지도무난至道
無難을 해석할 때 "지극한 도道는 어렵지 않음
이다."고 말하는 강사들이 많습니다.
　그렇다면 어떤 것이 지극한 도道인가?
　여기에서 '이를 지至'자를 지극하다는 뜻으로
보고 지극한 도道라고 해석하였으나, '이를 지
至'자에는 이르다, 도달하다, 미치다, 통하다,
지극하다, 극진히 하다 등의 뜻도 함께 가지고
있어서 '이를 지至'자를 지극하다는 뜻으로 해
석하기보다는, 이르다(至)는 뜻으로 해석하는
것이 마땅합니다.
　한편 지극至極하다는 말은 극極에 이르렀다
(至)는 말로써, 도道에는 지극至極하고 지극至極
하지 않음이 없고 일체一切가 끊어졌기 때문에

도道라고 하며, 도道라고도 할 수 없으나 그 이름이 도道인 까닭입니다.

신심명信心銘에서, 이 지도무난至道無難이라는 첫 구절을 어떤 안목으로 보느냐에 따라 그 나머지 내용이 완전히 다르게 해석되기 때문에, 경經이나 어록語錄을 해석함에 있어서 글자 하나에 미치는 영향이 크고도 중요하다 하겠습니다.

毫釐有差
天地悬隔
欲得現前
莫存順逆

2.

毫釐有差 호리유차

－털끝만큼이라도 어긋나면

天地懸隔 천지현격

－하늘과 땅 차이로 벌어지나니,

欲得現前 욕득현전

－도道가 앞에 나타나기를 바라거든

莫存順逆 막존순역

－따름과 거스름을 두지 마라.


【解釋】

　털끝만큼의 미세한 차이라도 어긋나게 되면, 끝에 가서 결국에는 하늘과 땅 차이로 벌어져 버리고 마는 것이니, 도道가 앞에 나타나기를 바란다면, 따름을 좋아하고 거슬림을 싫어하는 분별하는 마음이 없게 하라는 말입니다.

違順相爭　是為心病　不識玄旨　徒勞念靜

3.

違順相爭 위순상쟁

－어기고 따름이 서로 다투면

是爲心病 시위심병

－이것을 마음의 병이라고 하나니,

不識玄旨 불식현지

－깊은 뜻을 알지 못하고

徒勞念靜 도로염정

－생각만 고요히 하려 애를 쓰네.

【解釋】

　거스르고 어긋나는 마음이 일어나고 다시 순하게 따르는 마음이 일어나는 것들을 마음의 병이라고 하는데, 이와 같은 깊은 뜻을 알지 못하고 공부하는 사람들이 공연히 생각만 고요히 하려고 애를 쓴다는 말입니다.

圓同太虛

無欠無餘

良由取捨

所以不如

4.

圓同太虛 원동태허

-둥글기는 큰 허공과 같아서

無欠無餘 무흠무여

-모자람이 없고 남을 것도 없으나,

良由取捨 양유취사

-취하고 버리는 것을 좋아하는

所以不如 소이불여

-까닭에 한결같지 않다.

【解釋】

　마음은 둥글기가 큰 허공과 같아서 나고 죽음도 없고 더럽고 깨끗함도 없으며, 더하고 덜함도 없고 부족하고 남을 것도 없으나, 공부하는 사람들이 좋은 것은 취하고 싫어하는 것은 버리는 것을 좋아하는 까닭에, 마음이 한결같지 않다는 말입니다.

莫逐有缘
勿住空忍
一種平懷
泯然自盡

5.

莫逐有緣 막축유연

- 인연이 있어도 쫓아가지 말고

勿住空忍 물주공인

- 공空에도 차마 머물지 말 것이니,

一種平懷 일종평회

- 한 가지 생각이 바르면

泯然自盡 민연자진

- 저절로 다해 없어질 것이다.

【解釋】

　눈에 보이는 사물이나 귀에 들리는 소리와 세간의 주변잡사 등, 마음 밖에서 일어나는 외부 요인要因을 쫓아가지 말고, 그렇다고 해서 공空에도 차마 머물지 말아야 할 것이니, 한생각을 바르게 하고 나면 취하고 버리는 것이 저절로 다해 없어질 것이라는 말입니다.

6.

止動歸止 지동귀지

－움직임을 그치면 멈추게 되고

止更彌動 지갱미동

－멈추었다 다시 움직이게 되면,

唯滯兩邊 유체양변

－오직 양쪽止動 끝에 막혀서

寧知一種 영지일종

－어떻게 한 가지인 줄 알겠는가?

【解釋】

마음이 움직이는 것을 인위적으로 그쳐서 멈추게 하고, 멈추었던 것을 다시 점점 움직이게 하여 상대적으로 움직이고 멈추는 양쪽 끝을 벗어나지 못하고서, 어떻게 마음이 하나인 줄 알겠는가? 하는 말입니다.

一種不通
兩處失功
還有沒有
從空背空

7.

一種不通 일종불통

－한 가지에 통하지 못하면

兩處失功 양처실공

－두 곳에서의 공로를 잃을 것이니,

遣有沒有 견유몰유

－있음을 버리면 있음에 빠지고

從空背空 종공배공

－공함을 쫓으면 공함을 등진다.


【解釋】

마음이 하나인 줄 알지 못하면, 멈추게 하고 움직이게 하는 노력이 아무런 소득이 없을 것이니, 있음(有)을 버리려고 하면 오히려 있음(有)에 빠지고, 공(空)을 쫓아 취하려 하면 오히려 공(空)을 등지게 된다는 말입니다.

多言多慮
轉不相應
絕言絕慮
無處不通

8.

多言多慮 다언다려

－말이 많고 생각이 많으면

轉不相應 전불상응

－서로 응하지 못하게 되고,

絶言絶慮 절언절려

－말이 끊어지고 생각이 끊어지면

無處不通 무처불통

－통하지 않는 곳이 없다.


【解釋】

　도道는 말로 설명하거나 생각할 수도 없으
므로, 말이 많고 생각이 많으면 마음이 복잡
하고 어지러워져서 도道에 상응하지 못하게
되고, 말이 끊어지고 생각이 끊어지면 마음이
한결같아서 통하지 않는 곳이 없다는 말입니
다.

歸根得旨　隨照失宗　須臾返照　勝腳前空

9.

歸根得旨 귀근득지

-근본으로 돌아가면 뜻을 얻고

隨照失宗 수조실종

-비춤을 따르면 근원을 잃나니,

須臾返照 수유반조

-모름지기 잠깐 돌이켜 보는 것이

勝脚前空 승각전공

-공함으로 나가는 것보다 낫다.

【解釋】

　마음으로 돌아가면 도道를 얻고, 눈에 보이는 사물이나 귀에 들리는 소리와 세간의 주변 잡사 등, 바깥 경계를 따라가면 본마음을 잃게 되는 것이니, 잠깐이라도 안으로 자기 마음을 돌이켜 보는 것이, 공空으로 나아가는 것보다 훨씬 더 낫다는 말입니다.

前空轉變

皆由妄見

不用求真

唯須息見

10.

前空轉變 전공전변
– 공<small>空</small>으로 나아감이 변하는 것은

皆由妄見 개유망견
– 모두 망령된 견해 때문이니,

不用求眞 불용구진
– 참된 것을 구하지 말고

唯須息見 유수식견
– 마땅히 오직 망견을 쉬어라.


【解釋】

　공함으로 나아가더라도 공<small>空</small>이 변하는 것은, 물질(色)의 상대적인 공<small>空</small>으로 나가는 것이기 때문에 물질(色)이나 공<small>空</small>, 이것은 모두 다 진공<small>眞空</small>이 아닌 망령된 견해 때문이니, 따로 참된 것을 구하지 말고, 바깥 경계를 따르는 것이나 공<small>空</small>으로 나아가려는 생각을 쉬라는 말입니다.

二見不住
慎莫追尋
纔有是非
紛然失心

92

11.

二見不住 이견부주

—두 가지 견해에 머물지 말고

愼莫追尋 신막추심

—삼가 쫓아가서 찾지 말 것이니,

纔有是非 재유시비

—조금이라도 옳고 그름이 있으면

紛然失心 분연실심

—본마음을 잃고 어지러워진다.

【解釋】

　바깥 경계를 따르는 것이나 공空으로 나아
가려는 두 가지 생각에 머물지 말고, 그렇다
고 해서 참된 것을 구하려고 쫓아가서 찾지
말 것이니, 조금이라도 옳다 그르다는 생각이
있으면 본마음을 잃고 어지러워진다는 말입
니다.

二由一有
一亦莫守
一心不生
萬法無咎

94

12.

二由一有 이유일유

－둘은 하나 때문에 있으니

一亦莫守 일역막수

－하나 또한 지키지 말고,

一心不生 일심불생

－한 마음이 나지 않으면

萬法無咎 만법무구

－만법萬法에 허물이 없느니라.

【解釋】

　둘은 하나 때문에 있고 하나는 둘 때문에 있는 것이니, 하나를 지키지 말고 그 하나마저도 버려서 마침내 한마음이 나지 않으면, 어디에도 걸림 없이 자재하여 만법萬法에 아무런 잘못이 없다는 말입니다.

無谷無法
不生不心
能隨境滅
境逐能沉

13.

無咎無法 무구무법

－만법에 허물이 없으면 법法이 없고

不生不心 불생불심

－마음이 나지 않으면 마음도 아니니,

能隨境滅 능수경멸

－능함을 따르면 경계가 없어지고

境逐能沈 경축능침

－경계를 쫓으면 능한 것이 막힌다.


【解釋】

만 가지 법法에 허물이 없으면 정해진 법法이 없고 한 마음이 나지 않으면 그것은 마음도 아니니, 그 능통한 것을 따르면 한계가 없어져 버리고 바깥 경계를 쫓아가면 오히려 능한 것이 막히게 된다는 말입니다.

境由能境

能由境能

欲知兩段

元是一空

14.

境由能境 경유능경

－경계는 능함으로 인한 경계이고

能由境能 능유경능

－능함은 경계로 인하여 능함이니,

欲知兩段 욕지양단

－두 가지 구분을 알고자 하는가?

元是一空 원시일공

－이것은 원래부터 하나의 공(眞空)이다.


【解釋】

　경계라고 하는 것은 능함으로 인한 상대적인 경계이고 능함은 경계로 인한 상대적인 능함이니, 여기에서 경계와 능함의 두 가지 구분을 알고자 하는가?

　이 경계나 능함은 원래부터 하나의 진공(眞空)에서 비롯된 것이라는 말입니다.

一空同兩

齋含萬象

不見精糒

寧有偏黨

15.

一空同兩 일공동양

－하나의 공(眞空)은 양단(境能)과 같아서

齊含萬象 제함만상

－삼라만상을 모두 다 포함하니,

不見精觕 불견정추

－세밀하고 거친 것을 보지 않으면

寧有偏黨 영유편당

－어찌 한쪽에 치우침이 있겠는가!


【解釋】

　하나의 진공眞空은 더불어 경계나 능함과 같고 삼라만상을 모두 다 포함해서 또한 진공眞空과 같은 것이니, 경계와 능함의 거칠고 세밀함을 보지 않는다면 어찌 한쪽에 치우침이 있겠는가? 하는 말입니다.

大道體寬
無易無難
小見狐疑
轉急轉遲

16.

大道體寬 대도체관
－큰 도道는 본체가 넓어서

無易無難 무이무난
－쉬운 것이 없고 어려울 것도 없으나,

小見狐疑 소견호의
－좁은 견해와 여우같은 의심으로

轉急轉遲 전급전지
－급하게 할수록 더욱 느려진다.


【解釋】

큰 도道는 본체가 넓어서 쉽고 어려운 범주에 속하지 않으므로 쉬운 것이 없고 어려울 것도 없으나, 대나무 구멍으로 세상을 보는 좁은 견해와 이리저리 따지고 분별하는 여우같은 의심으로 인하여, 성급하게 할수록 오히려 더욱 느려지게 된다는 말입니다.

執之失度
必入邪路
放之自然
體無去住

104

17.

執之失度 집지실도

–도道에 집착하면 법도를 잃고

必入邪路 필입사로

–반드시 삿된 길로 들어가며,

放之自然 방지자연

–놓아버리면 자연스러워서

體無去住 체무거주

–본체는 가거나 머묾이 없다.


【解釋】

　도道에 집착하면 깨달음이라는 병이 들어 법도를 잃게 되고 반드시 가거나 머묾이 있는 삿된 길로 들어가게 되며, 도道에 집착하는 마음을 놓아버리면 자연스러워서 도道의 본체는 가거나 머묾이 없다는 말입니다.

任性合道
逍遙絕惱
繫念乖真
昏沈不好

106

18.

任性合道 임성합도
－도道에 계합하여 본성을 맡겨두면
逍遙絕惱 소요절뇌
－번뇌가 끊어져 한가롭게 노닐며,
繫念乖眞 계념괴진
－생각에 매이면 참됨에서 어긋나고
昏沈不好 혼침불호
－혼미함에 빠져 좋지 않다.


【解釋】

집착하는 마음을 놓아버리고 자연스럽게 도道에 계합하여 자성自性을 맡겨두면, 번뇌 망상이 끊어져서 한가롭게 노닐게 되고, 도道에 대한 생각에 얽매이게 되면 도리어 도道에 어긋나고 혼미함에 빠져서 좋지 않다는 말입니다.

不好勞神
何用踈親
欲趣一乘
勿惡六塵

108

19.

不好勞神 불호노신

－좋지 않음으로 정신이 피로하니

何用疎親 하용소친

－어찌 소홀하고 친함을 쓰겠는가!

欲趣一乘 욕취일승

－깨달음에 이르고자 하면

勿惡六塵 물오육진

－육진을 미워하지 마라.

【解釋】

　혼미함에 빠져 좋지 않음으로 인하여 정신이 어지럽고 피로한 것인데, 어찌 번뇌 망상은 싫어하고 깨달음을 좋아하는 소홀하고 친한 마음을 쓰겠는가? 깨달음에 이르고자 하면, 번뇌를 일으키게 하는 육진(色, 聲, 香, 味, 觸, 法)을 미워하지 말라는 말입니다.

六塵不惡
還同正覺
智者無爲
愚人自縛

110

20.

六塵不惡 육진불오

－육진을 미워하지 않으면

還同正覺 환동정각

－도리어 깨달음과 같아서,

智者無爲 지자무위

－지혜로운 자는 하는 바가 없고

愚人自縛 우인자박

－어리석은 이는 스스로 얽매인다.


【解釋】

객진客塵 번뇌를 일으키게 하는 육진(色, 聲, 香, 味, 觸, 法)을 미워하는 마음이 없으면 도리어 깨달음과 같아서, 지혜로운 자는 온 종일 무엇을 하더라도 하는 바가 없고, 어리석은 사람은 소홀하고 친한 마음을 써서 스스로 얽매이게 된다는 말입니다.

法無異法

妄自愛着

將心用心

豈非大錯

21.

法無異法 법무이법

- 법法에는 다른 법法이 없으나

妄自愛着 망자애착

- 스스로 허망하게 애착하여,

將心用心 장심용심

- 마음을 가지고 마음을 쓰니

豈非大錯 기비대착

- 어찌 크게 잘못됨이 아닌가!

【解釋】

　법法에는 공부하는 사람들이 생각하는 어떤 특별히 다른 법法이 없으나 스스로 법法에 대한 허망한 생각을 일으키고 집착하여, 부질없이 마음을 가지고 마음을 쓰는 것이니 어찌 크게 잘못된 것이 아니겠는가? 하는 말입니다.

迷生寂乱

悟無好惡

一切二邊

良由斟酌

22.

迷生寂亂 미생적란

－미혹하면 고요함과 어지러움이 생기고

悟無好惡 오무호오

－깨달으면 좋아하고 싫어함이 없어지니,

一切二邊 일체이변

－일체 모든 상대적 두 가지는

良由斟酌 양유짐작

－능히 헤아려 짐작하기 때문이다.


【解釋】

　마음이 미혹하면 고요함과 어지러움이 생기고 도道를 깨달으면 좋아하고 싫어하는 마음이 없어지는 것이니, 고요함과 어지러움 일체 상대적인 두 가지는, 공부하는 사람들이 이리저리 따지고 분별하는 마음으로 헤아려 짐작하기 때문이라는 말입니다.

夢幻空華
何勞把捉
得失是非
一時放却

116

23.

夢幻空華 몽환공화

- 꿈속의 허깨비와 허공 꽃을

何勞把捉 하로파착

- 어찌 잡으려고 애쓰는가!

得失是非 득실시비

- 얻고, 잃고, 옳고, 그름을

一時放却 일시방각

- 일시에 놓아 버리고 쉬어라.


【解釋】

깊은 잠이 들어서 꾸는 꿈속의 허깨비나 눈병이 나서 허공에 꽃이 핀 것처럼 보이는, 실체가 없는 도道를 어째서 깨달으려고 애를 쓰는가? 그러지 말고 얻고, 잃고, 옳고, 그름을 한꺼번에 다 놓아버리고, 바로 지금 쉬라는 말입니다.

眼若不睡
諸夢自除
心若不異
萬法一如

24.

眼若不睡 안약불수

- 만약 눈이 잠들지 아니하면

諸夢自除 제몽자제

- 모든 꿈이 저절로 없어지고,

心若不異 심약불이

- 만약 마음이 다르지 않으면

萬法一如 만법일여

- 만법萬法이 한결같다.


【解釋】

　눈이 초롱초롱하여 졸음이 없으면 모든 꿈이 저절로 없어지는 것처럼, 만약 이리저리 따지고 분별하는 마음 없이 마음이 한결같으면 일체 만법萬法이 한결같다는 말입니다.

一如體玄

兀爾忘緣

萬法齊觀

歸復自然

120

25.

一如體玄 일여체현

－한결같음은 본체가 깊어서

兀爾忘緣 올이망연

－우뚝 그 인연을 잊고,

萬法齊觀 만법제관

－만법萬法이 모두 드러나면

歸復自然 귀복자연

－돌아오고 돌아감이 자연스럽다.


【解釋】

만 가지 법法이 한결같음은 도道의 본체가 깊어서 우뚝 좋아하고 싫어하는 모든 인연을 다 잊어버리고, 일체 만법萬法이 모두 다 드러나게 되면 어디에도 걸림 없이 자재하여 돌아오고 돌아가는 것이 자연스럽다는 말입니다.

自然不為

在由異心

派其所以

不可方比

122

26.

自然不爲 자연불위

－돌아오고 돌아감이 자연스럽지 아니하면

在由異心 재유이심

－다른 마음이 있기 때문이니,

泯其所以 민기소이

－그 까닭이 없어지면

不可方比 불가방비

－가히 어디에도 비교할 데가 없다.

【解釋】

　만약 돌아오고 돌아가는 것이 자연스럽지 않으면 이리저리 따지고 분별하는 다른 마음이 있기 때문이니, 그와 같은 까닭이 없어지게 되면 도道의 본체가 깊은 것을 무엇으로도 견주어 비교할 만한 것이 없다는 말입니다.

소납小衲이 신심명信心銘을 보다가, 이 대목에서 문맥이 맞지 않고 이해가 되지 않아, 아무 거리낌 없이 자연불위自然不爲 재유이심在由異心이라는 두 마디를 첨부하였습니다.

외람되지만 이 대목은 승찬대사께서 게송 일부를 고의로 비워 놓은 것인지 아니면 유통과정에서 누락된 것인지는 알 수 없으나, 분명한 사실은 이리저리 따지고 분별하는 마음 없이 마음이 한결같으면 만 가지 법法이 한결같아서 돌아오고 돌아감이 자연스러운 것이다.

그러나 만약 돌아오고 돌아가는 것이 자연스럽지 아니하면 그 이유는 이리저리 따지고 분별하는 다른 마음이 있기 때문인 것이니, 그와 같은 까닭이 없어지게 되면 가히 무엇으로도 견주어 비교할만한 것이 없다는 말입니다.

이 일로 제방 선원에서 더러는 나를 비방하고 이상한 사람 취급하는 이들도 많습니다만,

여러 도반들께서도 공부하는 입장에서 한 번
살펴보시기를 간절히 바랍니다.

止動無動

動止無止

兩既不成

一何有爾

126

27.

止動無動 지동무동

－움직임을 그치면 움직임이 없고

動止無止 동지무지

－멈추었다 움직이면 그침이 없어서,

兩旣不成 양기불성

－이미 두 가지를 이룸이 아니거늘

一何有爾 일하유이

－어찌 하나가 있겠는가?


【解釋】

　움직이다가 서서히 그치면 움직임이 없고 멈추었다가 천천히 움직이면 그침이 없어서, 움직이다가 멈추고 멈추었다가 다시 움직이기 때문에 이미 두 가지를 이룬 것이 아니거늘 어떻게 하나가 있겠는가? 하는 말입니다.

究竟窮極

不存軌則

契心平等

所作俱息

28.

究竟窮極 구경궁극

－끝에 가서 결국에는

不存軌則 부존궤칙

－길이나 법칙이 존재하지 않나니,

契心平等 계심평등

－마음이 평등함에 계합하면

所作俱息 소작구식

－짓는 바 모든 것을 쉬게 된다.

【解釋】

끝에 가서 결국 도道에는 어떤 길이나 정해진 법칙이 있는 것이 아니어서, 마음이 평등함에 계합하게 되면 도道에 집착하는 마음이 없기 때문에, 하되 하는 바가 없어 모든 것을 쉬게 된다는 말입니다.

29.

狐疑盡淨 호의진정

－여우같은 의심이 깨끗이 다하면

正信調直 정신조직

－바른 믿음이 곧바르게 되어,

一切不留 일체불류

－일체 어디에도 머물지 않고

無可記憶 무가기억

－가히 아무 기억이 없다.


【解釋】

　이리저리 따지고 분별하는 여우같은 의심이 깨끗이 다하게 되면 도道에 대한 바른 믿음이 곧고 반듯하게 되어, 어떤 길이나 정해진 법칙 어디에도 머물지 않고 일체를 놓아버리고 쉬어서, 아무 기억이 없다는 말입니다.

신심명信心銘을 보면 몇 가지 책에 이 대목이 호의정진狐疑淨盡으로 되어 있으나, 소납小衲이 26번째 게송에 누락된 자연불위自然不爲 재유이심在由異心이라는 두 마디 여덟 글자를 첨부하고, 그때부터 신심명信心銘에 관심이 생겨서 원문을 찾기 위해 여러가지 자료들을 살펴보았습니다.

신심명信心銘은 현재(景德傳燈錄 册十 卷第三十 萬曆四十二年(1614년)甲寅 四月 佛明山 雙溪寺 改版) 논산 쌍계사 목판본에 있는 신심명信心銘을 보면, 이 대목이 호의진정狐疑盡淨으로 되어 있습니다.

누가 언제 호의정진狐疑淨盡으로 바꾸었는지 모르겠으나, 원문의 글을 임의로 바꾸는 것은 대단히 잘못된 것으로, 반드시 원래대로 수정되어야 한다고 생각합니다.

虛明自照
不勞心力
非思量處
識情難測

30.

虛明自照 허명자조

－자기의 빈 곳을 밝게 비추고

不勞心力 불로심력

－마음으로 힘써 애쓰지 말 것이니,

非思量處 비사량처

－생각으로 헤아리는 곳 아니며

識情難測 식정난측

－뜻으로 판단해서 알기 어렵다.


【解釋】

공부하는 사람은 오직 자기의 빈곳을 밝게 비추는 것에 열중하고 힘들여 마음을 가지고 마음을 쓰지 말 것이니, 도道는 말이나 생각으로 헤아려 알 수 있는 것이 아니며 더욱이 뜻으로 판단해서는 알기 어렵다는 말입니다.

真如法界

無他無自

要急相應

唯言不二

136

31.

眞如法界 진여법계

－진실한 깨달음의 세계에는

無他無自 무타무자

－남도 없고 나도 없으니,

要急相應 요급상응

－빠르게 상응하기를 바라거든

唯言不二 유언불이

－오직 둘이 아님을 말하라.

【解釋】

　생각으로 헤아리고 뜻으로 판단해서 알 수 없는 진실한 깨달음의 세계는, 어떤 길이나 정해진 법칙이 없고 남(他)도 없고 나(我)도 없으니, 빠르게 도道에 상응하기를 바란다면 오직 둘이 아님을 말하라는 말입니다.

不二皆同
無不包容
十方智者
皆入此宗

138

32.

不二皆同 불이개동

－둘이 아니면 모두 다 한가지로

無不包容 무불포용

－받아들이지 않는 것이 없으니,

十方智者 시방지자

－시방十方의 지혜로운 자는

皆入此宗 개입차종

－모두 이 근원으로 들어온다.


【解釋】

　나와 남이 둘이 아니면 모두 다 한 가지로 삼라만상 일체 모든 것을 받아들이지 않는 것이 없으니, 시방세계의 지혜로운 자는 모두 다 도道의 근원으로 들어온다는 말입니다.

宗非促延
一念萬年
無在不在
十方目前

140

33.

宗非促延 종비촉연

– 근원은 짧거나 긴 것이 아니며

一念萬年 일념만년

– 한생각이 만 년 같아서,

無在不在 무재부재

– 있거나 있지 않음이 없으니

十方目前 시방목전

– 시방十方이 바로 눈앞이로다.

【解釋】

도道의 근원은 짧거나 긴 것이 아니며 무량
겁이 곧 한생각으로 한생각이 만 년과 같아
서, 있거나 있지 않음이 없으니 멀거나 가까
운 것도 아니어서 시방十方이 바로 눈앞이라는
말입니다.

極小同大

忘絕境界

極大同小

不見邊表

142

34.

極小同大 극소동대

－지극히 작은 것은 큰 것과 같아서

忘絕境界 망절경계

－경계가 끊어짐을 잊어버리고,

極大同小 극대동소

－지극히 큰 것은 작은 것과 같아서

不見邊表 불견변표

－그 겉과 가장자리를 보지 못하네.


【解釋】

하나의 작은 티끌 속에 시방세계를 머금었다고 하듯이, 지극히 작은 것은 큰 것과 같아서 작은 것과 큰 것의 상대적인 경계가 끊어지는 것을 의식할 수 없고, 지극히 큰 것은 작은 것과 같아서 겉 표면과 가장자리를 볼 수 없다는 말입니다.

有即是無

無即是有

若不如此

不必湏守

144

35.

有卽是無 유즉시무

- 있는 것이 곧 없는 것이고

無卽是有 무즉시유

- 없는 것이 곧 있는 것이니,

若不如此 약불여차

- 만약 이와 같지 않다면

不必須守 불필수수

- 반드시 지키지 마라.

【解釋】

　지극히 작은 것은 큰 것과 같고 지극히 큰 것은 작은 것과 같은 것처럼, 있는 것이 곧 없는 것이고 없는 것이 곧 있는 것이니, 만약 이와 같이 둘이 아닌 이치가 아니라면 반드시 꼭 지키지 말라는 말입니다.

何憲不畢　但能如是　一切即一切　一即一切

146

36.

一卽一切 일즉일체

– 하나가 곧 일체이고

一切卽一 일체즉일

– 일체가 곧 하나이니,

但能如是 단능여시

– 다만 능히 이와 같다면

何慮不畢 하려불필

– 어찌 마치지 못할까를 걱정하랴!

【解釋】

있는 것이 곧 없는 것이고 없는 것이 곧 있는 것처럼, 하나가 곧 일체이고 일체가 곧 하나이니 다만 모든 것들이 이와 같다면, 어찌 도道에 이르지 못할까를 걱정 하겠는가? 하는 말입니다.

信心不二
不二信心
言語道断
非去来今

37.

信心不二 신심불이
－분명한 마음은 둘이 아니고
不二信心 불이신심
－둘 아님이 분명한 마음이니,
言語道斷 언어도단
－말의 길이 끊어져서
非去來今 비거래금
－과거, 미래, 현재가 아니로다.

【解釋】

　분명한 마음은 둘이 아니고 둘 아닌 것이
분명한 마음이니, 말이나 생각의 길이 모두
다 끊어져서 분명한 마음은 과거도 아니고,
미래도 아니고, 현재도 아니라는 말입니다.

기존에 나와 있는 신심명信心銘에 여러 강사들이 해석해 놓은 것을 보면, 신심불이信心不二 불이신심不二信心 언어도단言語道斷 비거래금非去來今을 대부분이 "믿는 마음은 둘이 아니요. 둘 아닌 것이 믿는 마음이니 언어의 길이 끊어져서, 과거. 미래. 현재가 아니로다."로 해석하고 있습니다.

　여기에서 이 '믿을 신信'자를 일반적으로 믿는다는 뜻으로만 알고 있으나, '믿을 신信'자에는 그 밖에도 진실하다, 분명하다, 명백하다, 소식을 전할 때 쓰는 편지 등의 뜻도 함께 가지고 있어서, 이 대목에서 '믿을 신信'자를 믿는다는 뜻으로 해석하기보다는, 분명하다는 뜻으로 해석하는 것이 마땅하다고 생각합니다.

　소납小衲은 신심불이信心不二 불이신심不二信心 언어도단言語道斷 비거래금非去來今을 "분명한 마음은 둘이 아니고 둘 아님이 분명한 마음이니,

말이나 생각의 길이 끊어져서 분명한 마음은 과
거, 미래, 현재가 아니다."로 해석하였습니다.

결론적으로 신심명信心銘은 도道에 이르기는
어렵지 않다. 공부하는 사람들이 이리저리 따
져서 고르고 분별하는 마음과 사랑하고 미워
하는 두 마음을 내지 않는다면, 도道의 이치를
뚜렷이 밝게 꿰뚫어 마칠 것이다.

그리고 분명한 마음은 둘이 아니고 둘 아닌
것이 분명한 마음이니, 말이나 생각의 길이 모
두 다 끊어져서, 분명한 마음은 과거도 아니고,
미래도 아니고, 현재도 아니라는 말입니다.

그 나머지 내용들은 첫 번째 게송에서 말하
는 지도무난至道無難이라는 중요한 명제를 가지
고 어째서 도道에 이르기가 어렵지 않은 것인
지? 도道를 알기 쉽게 설명하고 분명한 마음에
대한 이해를 돕기 위하여, 여러 가지 비유와

법문으로 구성하고 있습니다.

여러 가지 신심명信心銘 해석서를 보면서 느
낀 점을 이야기하자면, 어느 한 사람이 어떤
경經이나 어록語錄을 풀어 쓰면 마치 일반 사회
에서 통용되는 대학의 졸업 논문처럼, 별다른
고민 없이 그 해석본을 그대로 인용하고 거기
에 자기의 견해를 붙여서 책을 출판하고 있는
현실이니, 작자作者들은 한번쯤 깊이 생각해 볼
일입니다.

참선하는 수행자들은 고조사古祖師의 말씀을
마음에 새겨서 깨달음에 대한 믿음을 확고히
하고, 자기의 본래면목을 깨달아 불조佛祖의 혜
명慧命을 잇는 본분납자의 바른 안목(正眼)을 갖
추는데, 신명身命을 다하여 힘써 정진해야 할
것입니다.

그러나 언제부터인지, 불법문중佛法門中에 경
전이나 조사어록은 자기의 본성本性을 밝히기

위한 소의所依가 아니라, 남에게 강의하고 가르치기 위해 배우는 것처럼 되어 버리고 말았으니 안타까운 일이며, 꿈보다 해몽이라 했듯이, 조사께서 말씀하신 현묘한 뜻은 알지 못하고 지해知解로써 글자만 좇아 따지고 잘못 해석하여, 현란한 말로 무지한 사람들을 더욱 미혹하게 하고 있으니 참으로 두렵고 슬픈 일이 아닐 수 없습니다.

着語
## 착어


拈花窟訥虎酬酢 千萬人傷神失命
祖師意旣余看破 後日逢好三十棒


염화굴 어수룩한 호랑이 수작에
천 만 사람이 정신이 혼미해지고 목숨을 잃
음이라,
조사의 뜻을 내가 이미 간파했으니
훗날 그를 만나면 좋게 삼십방을 놓으리라.


壬辰年 冬安居 不異子 石丈 僧

喝!

金魚畫工不見佛

魚山作法不請佛

長廣舌法不言佛

八萬細行不修佛

見性成佛夢中幻

迦葉破顏是甚麼

花開春風萬里香

雙溪映池白巖沒

할!

탱화 그리는 사람이 부처를 보지 못하고

범패, 바라춤으로도 부처를 청하지 못하네.

장광설법으로 부처를 말할 수 없고

팔만 가지 미세한 행으로도 부처를 닦을 수
없네.

견성성불은 꿈속에 허깨비이니

가섭존자가 미소 지음이여! 이 무엇인고?

봄바람에 꽃이 피니 향기가 만 리를 가고

두 계곡 맑은 못에 백암산이 빠졌네.


고불총림 비구 불이자 석장 승

# 修 行 五 戒

1. 가난하게 살아라.
2. 고독을 즐겨라.
3. 꾸미지 마라.
4. 잠을 줄여라.
5. 항상 깨어 있어라.

가난하게 살아라.

검소한 생활을 하고 여력이 있다면 부처님의 정법正法이 오래 머물도록 바른 곳에 보시布施를 하며, 참선하는 사람은 가난한 정신으로 살아야 합니다.

고독을 즐겨라.

자기보다 뛰어나거나 비슷한 도반을 만나지 못했거든, 차라리 무소의 뿔처럼 혼자서 갈지언정 어리석은 사람과 벗이 되지 말라고 했습니다.

꾸미지 마라.

참선하는 사람은 이치로 따지고 생각으로 분별하는 알음알이를 내서는 안 되는 것이니, 오직 순수하고 둔하게 할 뿐 삼업三業으로 꾸며서는 안 됩니다.

잠을 줄여라.

고3 수험생이 좋은 대학을 가기 위해서 하루 두 시간만 잔다는데 하물며 도道이겠습니까? 참선하는 사람은 앉아서 눈감고 조는 것과 잠을 줄여야 합니다.


항상 깨어 있어라.

참선하는 사람은 화두 의심이 눈꺼풀 위에 머물고 있는 것처럼, 오매불망寤寐不忘 화두의심을 타파하고야 말겠다는 뜻을 잃지 말고 항상 깨어 있어야 합니다.

# 신심명의 다른 해석

1

至道無難(지도무난) 지극한 도는 어렵지 않음이요.

唯嫌揀擇(유혐간택) 오직 간택함을 꺼릴 뿐이니,

2

但莫憎愛(단막증애) 미워하고 사랑하지 않으면

洞然明白(통연명백) 통연히 명백하리라.

3

毫釐有差(호리유차) 털끝만큼이라도 차이가 있으면

天地懸隔(천지현격) 하늘과 땅 사이로 벌어지나니,

4

欲得現前(욕득현전) 도가 앞에 나타나길 바라거든

莫存順逆(막존순역) 따름과 거슬림을 두지 말라.

5

違順相爭(위순상쟁) 어긋남과 따름이 서로 다툼은

是爲心病(시위심병) 이는 마음의 병이 됨이니,

6

不識玄旨(불식현지) 현묘한 뜻은 알지 못하고
徒勞念靜(도로염정) 공연히 생각만 고요히 하려하도다.

7

圓同太虛(원동태허) 둥글기가 큰 허공과 같아서
無欠無餘(무흠무여) 모자람도 없고 남음도 없거늘,

8

良由取捨(양유취사) 취하고 버림으로 말미암아
所以不如(소이불여) 그 까닭에 여여하지 못하도다.

9

莫逐有緣(막축유연) 세간의 인연도 따라가지 말고
勿住空忍(물주공인) 출세간의 법에도 머물지 말라.

10

一種平懷(일종평회) 한 가지를 바로 지니면
泯然自盡(민연자진) 사라져 저절로 다하리라.

11

止動歸止(지동귀지) 움직임을 그쳐 그침으로 돌아가면
止更彌動(지갱미동) 그침이 다시 큰 움직임이 되나니,

12

唯滯兩邊(유체양변) 오직 양변에 머물러 있거니
寧知一種(영지일종) 어찌 한 가지임을 알건가.

13

一種不通(일종불통) 한 가지에 통하지 못하면
兩處失功(양처실공) 양쪽 다 공덕을 잃으리니,

14

遺有沒有(견유몰유) 있음을 버리면 있음에 빠지고
從空背空(종공배공) 공함을 따르면 공함을 등지느니라.

15

多言多慮(다언다려) 말이 많고 생각이 많으면
轉不相應(전불상응) 더욱 더 상응치 못함이요,

16

絶言絶慮(절언절려) 말이 끊어지고 생각이 끊어지면
無處不通(무처불통) 통하지 않는 곳 없느니라.

17

歸根得旨(귀근득지) 근본으로 돌아가면 뜻을 얻고
隨照失宗(수조실종) 비춤을 따르면 종취를 잃나니,

18

須臾返照(수유반조) 잠깐 사이에 돌이켜 비춰보면
勝却前空(승각전공) 앞의 공함보다 뛰어남이라.

19

前空轉變(전공전변) 앞의 공함이 전변함은
皆由妄見(개유망견) 모두 망견 때문이니,

20

不用求眞(불용구진) 참됨을 구하려 하지 말고
唯須息見(유수식견) 오직 망령된 견해만 쉴지니라.

21

二見不住(이견부주) 두 견해에 머물지 말고
愼莫追尋(신막추심) 삼가 쫓아가 찾지 말라.

22

纔有是非(재유시비) 잠깐이라도 시비를 일으키면
紛然失心(분연실심) 어지러이 본마음을 잃으리라.

23

二由一有(이유일유) 둘은 하나로 말미암아 있음이니
一亦莫守(일역막수) 하나마저도 지키지 말라.

24

一心不生(일심불생) 한 마음이 나지 않으면
萬法無咎(만법무구) 만법에 허물이 없느니라.

25

無咎無法(무구무법) 허물이 없으면 법도 없고
不生不心(불생불심) 나지 않으면 마음이랄 것도 없음이라.

26

能隨境滅(능수경멸) 주관은 객관을 따라 소멸하고
境逐能沈(경축능침) 객관은 주관을 따라 잠겨서,

27

境由能境(경유능경) 객관은 주관 말미암아 객관이요

能由境能(능유경능) 주관은 객관 말미암아 주관이니,

28

欲知兩段(욕지양단) 양단을 알고자 할진대

元是一空(원시일공) 원래 하나의 공이니라.

29

一空同兩(일공동양) 하나의 공은 양단과 같아서

齊含萬象(제함만상) 삼라만상을 함께 다 포함하여,

30

不見精추(불견정추) 세밀하고 거칠음을 보지 못하거니

寧有偏黨(영유편당) 어찌 치우침이 있겠는가.

31

大道體寬(대도체관) 대도는 본체가 넓어서

無易無難(무이무난) 쉬움도 없고 어려움도 없거늘,

32

小見狐疑(소견호의) 좁은 견해로 여우같은 의심을 내어

轉急轉遲(전급전지) 서둘수록 더욱 더디어지도다.

33

執之失度(집지실도) 집착하면 법도를 잃음이라

必入邪路(필입사로) 반드시 삿된 길로 들어가고,

34

放之自然(방지자연) 놓아 버리면 자연히 본래로 되어
體無去住(체무거주) 본체는 가거나 머무름이 없도다.

35

任性合道(임성합도) 자성에 맡기면 도에 합하여
逍遙絕惱(소요절뇌) 소요하여 번뇌가 끊기고,

36

繫念乖眞(계념괴진) 생각에 얽매이면 참됨에 어긋나서
昏沈不好(혼침불호) 혼침함이 좋지 않느니라.

37

不好勞神(불호노신) 좋지 않으면 신기를 괴롭히거늘
何用疎親(하용소친) 어찌 성기고 친함을 쓸 건가.

38

欲趣一乘(욕취일승) 일승으로 나아가고자 하거든
勿惡六塵(물오육진) 육진을 미워하지 말라.

39

六塵不惡(육진불오) 육진을 미워하지 않으면
還同正覺(환동정각) 도리어 정각과 동일함이라.

40

智者無爲(지자무위) 지혜로운 이는 함이 없거늘
愚人自縛(우인자박) 어리석은 사람은 스스로 얽매이도다.

41

法無異法(법무이법) 법은 다른 법이 없거늘
妄自愛着(망자애착) 망령되이 스스로 애착하여,

42

將心用心(장심용심) 마음을 가지고 마음을 쓰니
豈非大錯(기비대착) 어찌 크게 그릇됨이 아니랴.

43

迷生寂亂(미생적란) 미혹하면 고요함과 어지러움이 생기고
悟無好惡(오무호오) 깨치면 좋음과 미움이 없거니,

44

一切二邊(일체이변) 모든 상대적인 두 견해는
良由斟酌(양유짐작) 자못 짐작하기 때문이로다.

45

夢幻空華(몽환공화) 꿈속의 허깨비와 헛꽃을
何勞把捉(하로파착) 어찌 애써 잡으려 하는가.

46

得失是非(득실시비) 얻고 잃음과 옳고 그름을
一時放却(일시방각) 일시에 놓아 버려라.

47

眼若不睡(안약불수) 눈에 만약 졸음이 없으면
諸夢自除(제몽자제) 모든 꿈 저절로 없어지고,

48

心若不異(심약불이) 마음이 다르지 않으면
萬法一如(만법일여) 만법이 한결 같느니라.

49

一如體玄(일여체현) 한결 같음은 본체가 현묘하여
兀爾忘緣(올이망연) 올연히 인연을 잊어서,

50

萬法齊觀(만법제관) 만법이 다 현전함에
歸復自然(귀복자연) 돌아감이 자연스럽도다.

51

泯其所以(민기소이) 그 까닭을 없이하면
不可方比(불가방비) 견주어 비할 바가 없음이라,

52

止動無動(지동무동) 그치면서 움직이니 움직임 없고
動止無止(동지무지) 움직이면서 그치니 그침이 없나니

53

兩旣不成(양기불성) 둘이 이미 이루어지지 못하거니
一何有爾(일하유이) 하나인들 어찌 있을건가.

54

究竟窮極(구경궁극) 구경하고 궁극하여
不存軌則(부존궤칙) 일정한 법칙이 있지 않음이요.

55

契心平等(계심평등) 마음에 계합하여 평등케 되어
所作俱息(소작구식) 짓고 짓는 바가 함께 쉬도다.

56

狐疑淨盡(호의정진) 여우같은 의심이 다하여 맑아지면
正信調直(정신조직) 바른 믿음이 고루 발라지며,

57

一切不留(일체불유) 일체가 머물지 아니하여
無可記憶(무가기억) 기억할 아무것도 없도다.

58

虛明自照(허명자조) 허허로이 밝아 스스로 비추나니
不勞心力(불로심력) 애써 마음 쓸 일 아니로다.

59

非思量處(비사량처) 생각으로 헤아릴 곳 아님이라
識情難測(식정난측) 의식과 망정으론 측량키 어렵도다.

60

眞如法界(진여법계) 바로 깨친 진여의 법계에는
無他無自(무타무자) 남도 없고 나도 없음이라.

61

要急相應(요급상응) 재빨리 상응코저 하거든
唯言不二(유언불이) 둘 아님을 말할 뿐이로다.

62

不二皆同(불이개동) 둘 아님은 모두가 같아서
無不砲容(무불포용) 포용하지 않음이 없나니,

63

十方智者(시방지자) 시방의 지혜로운 이들은
皆入此宗(개입차종) 모두 이 종취로 들어옴이라.

64

宗非促廷(종비촉연) 종취란 짧거나 긴 것이 아니니
一念萬年(일념만년) 한생각이 만 년이요.

65

無在不在(무재부재) 있거나 있지 않음이 없어서
十方目前(시방목전) 시방이 바로 눈앞이로다.

66

極小同大(극소동대) 지극히 작은 것이 큰 것과 같아서
忘絕境界(망절경계) 상대적인 경계 모두 끊어지고,

67

極大同小(극대동소) 지극히 큰 것은 작은 것과 같아서
不見邊表(불견변표) 그 끝과 겉을 볼 수 없음이라.

68

有卽是無(유즉시무) 있음이 곧 없음이요
無卽是有(무즉시유) 없음이 곧 있음이니,

69

若不如此(약불여차) 만약 이 같지 않다면

不必須守(불필수수) 반드시 지켜서는 안 되느니라.

70

一卽一切(일즉일체) 하나가 곧 일체요

一切卽一(일체즉일) 일체가 곧 하나이니,

71

但能如是(단능여시) 다만 능히 이렇게만 된다면

何慮不畢(하려불필) 마치지 못할까 뭘 걱정하랴.

72

信心不二(신심불이) 믿는 마음은 둘 아니요

不二信心(불이신심) 둘 아님이 믿는 마음이니,

73

言語道斷(언어도단) 언어의 길이 끊어져서

非去來今(비거래금) 과거 미래 현재가 아니로다.

# 수행 후기

생이여, 어디서 오는가? 죽음이여, 어디로 향하
여 가는가? 태어남은 한 조각 뜬구름이 일어남이
요, 죽음은 한 조각 구름이 사라짐이라. 뜬구름 자
체는 본래 실체가 없는 것, 나고 죽음도 또한 이와
같으리. 신령한 한 물건은 항상 홀로 있어 담담히
생사生死를 따르지 않는다.

스무 살 시절, 등산을 갔다가 내려오는 길에 사하촌
寺下村 주막에 걸려 있는 절집 달력에 이같은 글귀가
적혀 있는 것을 보았다. 나옹스님의 시詩였다. 이 시
는 내가 출가出家를 결심하게 된 동기가 되었다.

처음에는 통도사로 출가했으나 다시 해인사에서 행
자생활을 하였고, 출가한 후 백양사에서 사미계를 받
았다. 그때 당시 나는 부처님의 일대시교一代示教를 배

우기 전에 과거 전생의 업장을 소멸하는 참회기도부터 한 후 강원에 가야겠다고 마음먹었다. 좋은 음식을 담기 위해서는 먼저 그릇을 비우고 깨끗이 씻어야 한다는 생각에서였다.

천일기도를 발원하고 마땅한 절을 찾아 전국을 돌아다니다가 지리산 화엄사 구층암에 갔더니 천불전千佛殿이 있어서 원주스님께 사정을 이야기하고 천일기도 방부를 들였다. 천불전에 모셔진 부처님들을 한 분 한 분 정성껏 법당 밖으로 모셔 붓으로 오랜 세월동안 쌓인 먼지와 거미줄을 걷어내는 대청소를 마치고, 다시 부처님을 법당 안으로 모시는 것을 시작으로 천불전 부처님께 매일 한 분씩 공양 올리는 천일기도를 입제하게 되었다.

오후에는 구층암과 봉천암에서 정진하는 구참 수좌 스님들과 큰절 강주스님께 다섯 분의 조사스님이 금강경을 해석해 놓은 『금강경오가해金剛經五家解』를 배우며 신심 있는 수행자로서의 자부심과 '이것이 바로 내가 가야 할 길이구나.'라는 생각을 갖게 되었다.

그런데 그해 하안거 해제가 되자, 그동안 구층암을

맡았던 원주스님이 소임을 마치면서 원주스님이 바뀌게 되었는데 후임으로 온 늦깎이 원주스님은 본사와 문중이 다르다는 이유로 나를 못마땅하게 생각하고 쫓아내기 위해 갖은 방법으로 괴롭히기 시작했다.

이것이 책에서 보고 말로만 듣던 마장인가보다 생각하며 견뎌나갔지만 결국 나는 더 이상 견디지 못하고 어쩔 수 없이 기도를 중단하고 쫓겨나는 신세가 되었다. 당시 나는 무엇보다 천일기도를 하겠다는 약속을 지키지 못한 자책감이 컸다. 업장소멸을 발원하며 대중스님들이 모두 잠든 늦은 밤, 조용히 천불전에 들어가 부처님들을 바라보며 과거전생에 지은 과보이거니 생각했다. 부처님을 원망하는 마음이나 새로 온 원주스님을 미워하는 마음도 내려놓고 촛불에 오른쪽 손가락을 태워 연비하며 하염없는 눈물로써 참회를 했다. 누가 막겠는가! 내가 가야할 길, 아무리 험한들 이 길밖에는 그 어떤 길이 있으리오! 이렇게 다짐하며 백일을 끝으로 천일기도를 회향하고 말았다.

천일기도를 채우지 못하고 중도에 파한 낙오자로 심신이 지친 나는, 변산 내소사 혜산慧山스님 문하에서 지내다가 이듬해 전등회 7일 정진법회 때 해안海眼 선사의 녹음법문을 듣고 참선을 해야겠다고 생각했다. 그래서 영축총림 통도사 보광전 선원을 시작으로 희양산 봉암사, 조계산 송광사, 가야산 해인사, 지리산 칠불암, 백암산 백양사 등 제방선원을 다니며 정진하였다.

그러나 수행에 진전을 보지 못하고 큰방 장판 때만 묻히고 소득 없이 세월을 보내다가 피할 수 없는 은사 스님과의 인연으로 본사 도감소임을 본 후 문중 사고사찰 주지를 맡게 되었다. 그런데 도박사건으로 지역 민심이 흉흉한 가운데 도립공원계획변경으로 인하여 절 마당 앞에 상가와 여관이 들어서게 되었다.

폐사 위기에 처한 사찰을 복구하고 도량을 확장하기 위해 급한 나머지 우선 나는 평소 알고 지내던 속인에게 10억이라는 거액의 돈을 빌려 상가 예정부지와 주변 토지 900여 평을 매입했다. 행정기관에 공원계획의 부당함을 따지고 상부기관에 싸우다시피 호소하여 공원계획을 변경하는 데 성공할 수 있었다. 그렇게 극락전 납골당을 신축하는 데 동분서주 불철주야로 애를 쓴 덕분에 불사가 원만히 진행되어 도량을 일신하게 되었다.

그러나 납골당 허가신청 때문에 공원관리사무소와 행정기관의 법적인 마찰로 인하여 5년이라는 세월동안 사설납골당 설치신고 거부취소라는 행정소송이 진행되었다. 그 후 채무로 인한 빚 독촉과 도량이 확장되자 전임주지와 그를 따르는 사람들의 시기질투로 몸과 마음에 너무나 고통스러운 병을 얻어, 그대로 있다가는 죽을 것만 같아서 나는 모든 일을 종무소 직원들에게 맡겨두고 도망치듯이 선원으로 하안거夏安居 결제를 가게 되었다.

선방에서 나온 지 십여 년 만에 산중 대중처소로 돌아와 결제를 하고 선방 좌복에 앉아 있는데, 마치 고향에 돌아온 듯한 감회로 이루 말할 수 없는 편안함을 느꼈다. 그러나 어느 한순간이라도 화두를 놓치게 되면 어김없이 그 동안에 있었던 지옥 같은 일들이 머릿속에 떠올라 오직 화두일념으로 매진하게 되었다. 저녁에 잠들기 전 화두를 들고 새벽에 눈을 뜨면, 눈앞에 화두가 성성하게 이어지는 날이 거듭되었고, 깊은 잠을 자다가 아련하게 꿈이 생기려고 하면, 화두가 저절로 들려서 잠을 깨는 경험도 하게 되었다.

그러던 어느 날 선방 대중스님들과 법당에 사시예불을 마치고 나가려는데, 선원장 스님이 "오늘은 선방 스님네도 잠깐만 앉아서 제 이야기를 듣고 가시오."라고 말씀하셨다. 내용인 즉 어느 유망한 젊은 여자검사가 청운의 뜻을 이루지 못하고 죽었는데, 그날이 그녀가 죽은 지 100일이 되는 날이었다. 49재 이후로 그 영가의 부모는 하염없이 슬퍼만 하다가 "우리가 딸을 죽은 사람으로 만들지 말자."며 기운을 차리고, 딸 시집갈 때 주려고 모아둔 재산과 아파트를 정리하여 딸 이름으로 장학회를 만들었다고 한다. 그런데 그날이 바로 영가의 후배들에게 처음 장학금을 주는 날이라는 것이었다.

세상에서 가장 못나고 불효막심한 자식이 죽었다 하더라도 부모의 마음은 천 갈래 만 갈래 찢어질 것인데, 어려서부터 착하고 공부 잘하고 부모에게 효순했던 자식이 죽어 버렸으니 그 부모의 마음이 어떻겠는가?를 생각하다 나도 모르게 깊은 슬픔에 빠져 버렸다.

한참동안 슬픔에 젖어 있다가 정신을 차리고 문득 화두를 드는데 남의 물건을 훔치다 들킨 도둑처럼 마음 바닥이 훤히 드러나서 천년동안 어두운 동굴에 불빛이 들어와 사방이 명명백백해지는 듯 하였으며, 화두를 들어봐도 화두는 남이 씹다 뱉어버린 수수대처럼 아무런 맛도 없고 그저 그럴 뿐이었다.

법당을 나와 녹음이 짙은 앞산을 바라보니 산은 예전의 산이 아니었으며, 몸과 마음이 가볍고 서늘해서 날아갈 것만 같았다. 돌이켜 보니 내 나이는 마흔 여섯이고 중노릇은 스물다섯 해, 하안거를 시작한 지 38일째 되는 날이었다. 그때의 느낌을 나는 이렇게 적었다.


石人爲哭木鷄翩　四海大洋顯其底

七月綠陰無痕迹　黃菊丹楓有加靑

돌사람 곡하고 나무 닭이 홰를 치니

사해가 그 바닥을 드러냄이로다.

칠월 녹음에는 흔적조차 없더니

황국단풍 시절에 푸른빛을 더하네.

그 일이 있고 난 후 다른 화두를 참구해 보았으나 명백하지가 않아서 오직 본참 공안을 놓지 않고 정진하는데, 힘이 하나도 들지 않고 눈앞에 화두가 항상 성성적적하였다. 그렇게 지내다가 하루는 책상 위에 이리저리 굴러다니던 책을 무심코 펴보게 되었는데 책 내용인즉 이러했다.

어느 날 해인사 백련암 성철스님께 나이가 지긋한 노인이 찾아와서 절을 올리니, 큰스님께서 그 처사에게 "무슨 일로 나를 찾아왔소?"하고 물었다. 노처사가 말하기를, "제가 젊었을 때부터 참선을 시작하여 20년 전에 확실하게 깨쳐서 여기저기 공부한다는 스님들을 찾아가 보았지만 별로 신통치 않아서 이제는 찾아다니지도 않고 있는데, 주변사람들이 하도 성철스님께 한번 찾아가보라고 해서 큰스님을 만나기 위해 삼천배를 하고 왔다."는 것이었다.

그 말을 들은 큰스님께서는 "자기가 오기 싫으면 그만이지, 남이 가보라고 한다 해서 오느냐!"고 힐책하시면서 "그나저나 노인은 참 좋은 보배를 갖고 있소. 잠깐 앉아도 망상이 없고 시간이 금방 지나가버린다고 하니 그런 보물이 어디 있겠소? 그러나 내가 한 가지 물을 것이니 양심대로 이야기하시오."말씀하시고는 "그 보물이 꿈속에도 있습니까?"하고 물으셨다. 노처사가 눈을 동그랗게 뜨고 놀라면서 "꿈속에서는 없습니다."하고 대답하자, 성철스님께서 "야 이놈의 늙은이야! 꿈에도 안 되는 그런 것을 가지고 어디서 선지식이 있느니 없느니 하느냐?"며 몽둥이로 두들겨 팼다는 것이다. 그 말끝에 나는 큰스님께서 말씀하시는 낙처落處와 노처사가 방망이를 맞는 까닭을 알게 되었고 의심의 찌꺼기를 제했다.

그렇게 하안거를 마치고 후일을 당부하며 주지소임을 사제스님에게 인계하고 다시 선원으로 돌아가 겨울 동안거를 지내던 중 저녁 정진을 마치고 마당을 배회하며 달을 보다가 송頌을 지었다.


　　海田拯沈月　石人眼光落
　　助哀奄一笑　本來無事人
　　물속에 빠진 달을 건져 올리니
　　돌사람 눈빛이 떨어져 버렸네.

슬퍼하다가 문득 한번 웃으니
본래부터 일 없는 사람이더라.


　지나고 생각해 보니, 그동안 내게 닥쳐왔던 이러저
러한 나쁜 상황들과 마음의 고통이 오히려 무상無常을
절감하게 하였고, 진실한 공부를 할 수 있는 결정적인
계기가 되어주었다. 거룩하신 부처님과 위대한 자연
과 여러 인연들, 그리고 살아 있는 모든 것들에게 감
사를 드리며 앞으로 남은 시간을 수행에 더욱 매진하
려 한다.

# 위대한 마음 밝히니,
# 도道에 이르기 어렵지 않네

초판 1쇄 펴낸날 2014년 8월 25일

**지은이** | 석장스님
**펴낸이** | 이규만

**기획** | 바오밥

**펴낸곳** | 불교시대사
**출판등록** | 1991년 3월 20일(제1-1188호)
**주소** | 서울 종로구 인사동 7길 12 백상빌딩 1305호
**전화** | (02) 730-2500
**팩스** | (02) 723-5961
**e-mail** | kyoon1003@hanmail.net

ISBN  978-89-8002-142-0  03220